cat

kedi

rabbit

tavşan

dog

köpek

chick

civciv

duck

ördek

sheep

koyun

goat
keçi

pig

domuz

donkey

eşek

horse

at

cow

inek

mouse

fare

bat

yarasa

bee

arı

spider

örümcek

fox

tilki

deer

geyik

squirrel

sincap

hedgehog

kirpi

owl

baykuş

frog

kurbağa

snake

yılan

racoon

rakun

parrot

papağan

toucan

tukan

alligator

timsah

sea turtle

deniz kaplumbağası

flamingo

flamingo

penguin

penguen

crab

yengeç

jellyfish

denizanası

seal

fok

shark

köpek balığı

whale

balina

orca

katil balina

starfish

denizyıldızı

rhinoceros

gergedan

panda

panda

monkey

maymun

lion

aslan

tiger

kaplan

elephant

fil

9 782384 570843